CULTURA AFRO-BRASILEIRA NA ESCOLA
O congado em sala de aula

Dados Internacionais de Catalogação na Publicação (CIP)
(Câmara Brasileira do Livro, SP, Brasil)

Brasileiro, Jeremias
  Cultura afro-brasileira na escola : o congado
na sala de aula / Jeremias Brasileiro. --
1. ed. -- São Paulo : Ícone, 2010. -- (Coleção
conhecimento e vida / coordenação Diamantino
Fernandes Trindade)

  ISBN 978-85-274-1093-9

  1. Congadas - Estudo e ensino 2. Cultura
afro-brasileira 3. Educação - Finalidades e
objetivos 4. Pedagogia 5. Prática de ensino
6. Sala de aula - Direção I. Trindade, Diamantino
Fernandes. II. Título. III. Título: O congado na
sala de aula. IV. Série.

10-01766   CDD-371.36

Índices para catálogo sistemático:

1. Congado em sala de aula : Métodos de ensino :
     Projetos pedagógicos : Cultura
     afro-brasileira na escola : Educação
     371.36

Jeremias Brasileiro

CULTURA AFRO-BRASILEIRA NA ESCOLA
O congado em sala de aula

COLEÇÃO CONHECIMENTO E VIDA

Coordenação
DIAMANTINO FERNANDES TRINDADE

1ª EDIÇÃO
BRASIL – 2010

Ícone editora

© Copyright 2010
Jeremias Brasileiro
Direitos cedidos à Ícone Editora Ltda.

Coleção Conhecimento e Vida

Coordenação
Diamantino Fernandes Trindade

Capa e Diagramação
Richard Veiga

Revisão
Cláudio J. A. Rodrigues
Rosa Maria Cury Cardoso

Proibida a reprodução total ou parcial desta obra, de qualquer forma ou meio eletrônico, mecânico, inclusive através de processos xerográficos, sem permissão expressa do editor (Lei nº 9.610/98).

Todos os direitos reservados pela
ÍCONE EDITORA LTDA.
Rua Anhanguera, 56 – Barra Funda
CEP 01135-000 – São Paulo – SP
Tel./Fax.: (11) 3392-7771
www.iconeeditora.com.br
e-mail: iconevendas@iconeeditora.com.br

SOBRE O AUTOR

Historiador e pesquisador, mestrando em História, pela Universidade Federal de Uberlândia, na qual é graduado. Milita na área de História e Cultura, trabalhando com temas ligados à Cultura Afro-Brasileira, especialmente o Congado. Possui 14 livros publicados, entre os quais **Congadas de Minas Gerais** (Fundação Cultural Palmares/Ministério da Cultura, 2001). Ministra palestras e realiza oficinas referentes às questões étnico-raciais. Tem participação e produção em documentários com foco no Congado do Triângulo Mineiro, Alto Paranaíba e Centro-Oeste de Minas. É Comandante Geral do Congado na Cidade de Uberlândia. Membro do Núcleo de Estudos Afro-Brasileiros (NEAB/UFU).

DEDICATÓRIA

In Memoriam de meu Pai: Jerônimo Brasileiro. Para toda a minha família que sempre foi estrutura de apoio fundamental ao longo dessas décadas de batalhas culturais. Em nome de minha mãe Emiliana Terezinha de Jesus agradeço à Maria Terezinha da Silva, Maria do Nascimento de Jesus, Custódio Brasileiro, Cristovan Brasileiro, Maria Emiliana, José Geraldo, Maria Auxiliadora, Jémini Aline, André Luís.

À existencialidade desse século XXI, por ter permitido o advento de uma mulher chamada Cris que despertou em mim o desejo de experimentar tantas outras coisas boas nessa vida para além de um ser poético.

APRESENTAÇÃO

Prezado Professor(a)!

Este trabalho pedagógico faz parte de um projeto paradidático de difusão da Cultura Afro-Brasileira, cujo objetivo é contribuir para a implementação da Lei 10.639/2003, que trata da inclusão das disciplinas de História da África e da Cultura Afro-Brasileira no ensino fundamental e médio.

O estudo das Congadas por meio da Matemática, Português, Literatura, Artes, Geografia, História, Ensino Religioso e até da Educação Física, é didaticamente possível de ser feito em salas de aula e a nossa opção por essa temática se deve ao fato de que, no Estado de Minas Gerais, as Congadas possuem uma enorme representatividade e estão inseridas em mais de três centenas de municípios mineiros.

Nossa proposta, no entanto, é de provocação. Esse livro foi publicado para despertar outras possibilidades no ambiente escolar, pois acreditamos que esse tema abrange uma diversidade de olhares e de conceitos e o nosso texto é apenas mais uma tentativa de explorar o assunto, uma vez que já obtemos resultados práticos com a sua aplicação e é justamente por isso a nossa intenção de socializarmos essa experiência com o maior número de educadores possível.

Nessas três décadas de contato permanente com professores, por meio de palestras e debates, exposições e exibições de vídeos, em várias escolas municipais e estaduais de Uberlândia e de outras regiões do Estado de Minas Gerais, percebemos o quanto de riqueza cultural de pertencimento étnico dos afro-descendentes brasileiros está inserido em nossa sociedade e, mesmo assim, um preconceito racial ainda permanece latente em todas as instituições brasileiras e no sistema educacional também não é diferente.

Inserimos ainda o trabalho da pesquisadora Professora Teresa Cristina, que têm contribuído significativamente para o desenvolvimento da referida temática no âmbito escolar.

Jeremias Brasileiro
Janeiro de 2010

COMENTÁRIOS

O Projeto Didático-Pedagógico Cultura Afro-Brasileira na Escola, por meio da interdisciplinaridade das Congadas em Matemática, Português e Artes, entre outras disciplinas, foi desenvolvido nas séries de ensino fundamental do Anexo I da Escola Municipal Domingos Pimentel de Ulhôa, no Bairro Santa Mônica, em Uberlândia.

Notamos, durante a aplicação dessa experiência enriquecedora para alunos e professores, o interesse dos estudantes de 1ª a 3ª séries pelo tema depois que ele foi trabalhado. Isso ocorreu de forma interativa e descobrimos também que havia alunos da escola que eram Congadeiros, uma vez que eles assumiram essa identidade em sala de aula, quando foram induzidos a falar sobre seus Ternos de Congado.

As crianças participaram antes de palestras e assistiram a vídeos a respeito do tema em uma interatividade com o pesquisador Jeremias Brasileiro. Não só conseguiram apreender várias questões sobre as histórias das Congadas, como também as compartilharam com os colegas e seus familiares. As cartinhas de felicitações que cada aluno escreveu para Jeremias Brasileiro são a ilustração maior da importância que o trabalho interdisciplinar teve para os alunos.

Maria do Nascimento de Jesus
Supervisora Pedagógica
Anexo I – Escola Municipal Domingos Pimentel de Ulhôa
Novembro de 2006

Os alunos gostaram muito de conhecer mais acerca da Festa dos Grupos de Congada em Uberlândia. Para enriquecer o trabalho, Jeremias Brasileiro ministrou uma palestra sobre a Congada em nossa cidade. Ele nos relatou a história da Congada desde os tempos do Brasil-colônia e falou da importância de se valorizar a cultura afro-brasileira. Os alunos assistiram os documentários a respeito da Congada e esse trabalho foi importantíssimo para todos.

Gleidimar Aparecida Drigo
Professora 3ª Série B
Escola Municipal Domingos Pimentel de Ulhôa
Novembro de 2006

SUMÁRIO

1. INTRODUÇÃO, 17

2. FUNDAMENTAÇÃO TEÓRICO-EMPÍRICA – CONTEXTO HISTÓRICO CULTURAL E MEMÓRIA DO CONGO, 27

3. FUNDAMENTAÇÃO TEÓRICO-METODOLÓGICA E INTERDISCIPLINAR, 47
   3.1 Geografia, 48
   3.2 História, 49
   3.3 Matemática, 50
   3.4 Português/Literatura, 52
   3.4.1 Poemas, 52
   3.5 Artes, 57
   3.6 Educação Física, 60

4. FUNDAMENTAÇÃO TEÓRICO-METODOLÓGICA E PRÁTICA, 63

4.1 Atividades desenvolvidas de forma interdisciplinar em salas de aula do ensino fundamental (1ª a 4ª séries), através das disciplinas de Língua Portuguesa, História, Geografia, Matemática e Artes, 63

4.1.1 Língua Portuguesa, 63

4.1.2 Geografia, 67

4.1.2.1 Atividades, 67

4.1.3 História, 68

4.1.4 Matemática, 68

4.1.5 Ensino Religioso, 70

4.1.6. Artes, 71

4.1.7 Educação Física, 71

5. ALGUNS INSTRUMENTOS NAS HISTÓRIAS DO CONGADO, 75

5.1 Urugungo ou Urucungo, 75

5.2 Canzás ou Reco-recos, 76

5.3 Tamborins, 77

5.4 Macumba, 78

5.5 Adufus ou Pandeiros, 79

5.6 Sanfona ou Acordeon, 81

5.7 Cuícas ou Puítas, 81

5.8 Chocalhos, 82

5.9 Caixa Clara, 82

5.10 Surdos, repiliques, maracanãs, 83

5.11 Os Bastões, 83

5.12 As Gungas ou Paiás de Proteção, 84

5.13 Patagomes ou Patagongas, 84

6. A Cor da Gente: Um Projeto de Ensino de Artes Desencadeando Estudos Sobre as Relações Étnico-Raciais – *Profa. Ms. Teresa Cristina Melo da Silveira*, 87

Referências Bibliográficas, 95

Referências Videográficas, 101

Outros textos do Autor, 107
Livros Publicados, 107
Artigos em Jornais e Revistas, 108

1. INTRODUÇÃO

A proposta do referido projeto é no sentido de que ele seja desenvolvido tanto no ensino fundamental quanto no ensino médio. Por serem as Congadas uma das referências culturais afro-brasileiras mais expressivas do Estado de Minas Gerais, posto que elas se encontram em mais de trezentas e vinte e seis cidades, o projeto pode ser desenvolvido em qualquer um desses municípios, desde que seja adaptado às realidades locais. Nesse sentido, apresentamos algumas considerações sobre as identidades culturais dos Ternos de Congado, sob a ótica de Uberlândia e de várias outras regiões de Minas Gerais.

Os Ternos se constituem por um grupo de pessoas que se identificam com um tipo de canto, percussões, vestuários, linhagens de família, amigos, vizinhos e devotos, que terminam por agregar um conjunto de pessoas sob a liderança de um capitão principal. Esses Ternos surgiriam na maioria das vezes em consequência da extinção de outro grupo, da desistência de capitães, por vias de conflitos internos, ou devido ao cumprimento de promessas.

Dessa maneira, o **Terno de Congo** teria sido um dos primeiros a surgir, de acordo com os mitos fundantes das Congadas.[1] Seriam Ternos considerados mais brincantes, de cantorias alegres, chamados pelos Moçambiques de congos para enfeitar o cortejo – devido às suas indumentárias serem mais coloridas, servindo como animadores da festa. O uso de tamborins, viola, violões, cavaquinhos, chocalhos, caixas, reco-recos, acordeons, cuícas e pandeiros apareceriam como referenciais de um Terno de Congo em muitos lugares de Minas Gerais.

Os Capitães de Congo nas cidades do Alto Paranaíba e de outras localidades são reconhecidos pelo uso de tamborins (pequena caixa de couro quadriculada). Em outras cidades, contudo, como as do Triângulo Mineiro, os Capitães fazem o uso do bastão.

---

[1] História de Formação dos Ternos. A esse respeito há referências em Maria de Lourdes: Moçambique, Cadernos de Folclore, publicado na década de 1980. Também no Documentário Reis de Contas: Arquivo de Imagem e Som. Setor de Multi & Meios da Biblioteca da Universidade Federal de Uberlândia, 2006.

Geralmente, os Ternos de Congos se apresentam em fila dupla e fazem diversas coreografias. Eles também cantam o Reinado do Rosário, a Festa de Nossa Senhora do Rosário e de São Benedito, a coroação dos Reis Congos e Rainhas Congas e a longevidade dos Reis Perpétuos.

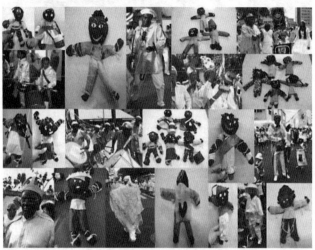

Foto 1: Representações de bonecos congadeiros por meio de vários grupos de congado, com suas respectivas cores. Criação da Professora Teresa Cristina Melo da Silveira em 2008, na E.M. Prof. Oswaldo Vieira Gonçalves, de Uberlândia-MG.

Foto 2: Primeiro Capitão percutindo o tamborim e realizando cantoria no interior da Igreja. Julho/2003. JB/2004.

Os *Ternos de Moçambiques* seriam identificados com maior facilidade devido a uma formação que remontaria aos primeiros negros escravizados na colônia brasileira, oriundos principalmente de um macrogrupo étnico denominado Banto.[2]

---

[2] Marina de Melo e Souza observa que o nome banto seria um plural de gente, de indivíduo, de pessoas e que dessa forma designaria então a existência de um macrogrupo com características linguísticas culturais semelhantes (SOUZA, Marina de Melo. **Reis Negros no Brasil Escravista. História da Festa de Coroação de Rei Congo**. Belo Horizonte: Editora UFMG, 2002, p. 135).

Os Moçambiques seriam compostos por pessoas mais idosas e daí o motivo de uma cantoria mais emotiva, cadenciada e lamentosa de louvor aos santos de devoção, em especial Nossa Senhora do Rosário e São Benedito. Faria ainda parte do repertório musical dos Moçambiques cantorias rememorativas aos tempos de escravidão. Eles trazem também em seu conjunto os benzedores e benzedeiras, anteriormente vistos como protetores espirituais de agrupamentos étnicos.

Esses Moçambiques adotariam os patagomes ou patagongas – instrumentos ovais e metálicos que contêm um certo número de esferas em seu interior. As gungas ou paiás de proteção – latas pequenas cheias de sementes ou chumbinhos, que são amarradas abaixo dos tornozelos dos dançadores – servem como a identificação dos Moçambiques em quase todos os lugares em que há Congadas nas cidades de Minas Gerais.

Seriam também natural dos Moçambiques os bastões que confeririam aos comandantes certo sentimento de força espiritual e a possibilidade de inserção de raízes, ervas, sementes e outras essências aromáticas de cunho medicinal nos seus ritos. Tudo isso caracterizaria, de forma sintética, os Ternos de Moçambiques.[3]

Foto 3: **Terno de Moçambique de São João Del Rey (MG). JB/2004.**

---

[3] No documentário **Reis de Contas**, Produção do Projeto Encantar de Uberlândia, 2003, o Capitão de Marinheiro, Moisés Carlos Silva, apresenta, de forma percussiva, os ritmos dos Moçambiques, dos Marujos, dos Congos e dos Marinheiros e os mitos fundantes das Congadas através desses Ternos de Congado. O referido documentário foi produzido durante os anos de 2001, 2002 e 2003, com enfoque na cidade de Uberlândia, mas mostra também características de outras cidades do Triângulo Mineiro e do Alto Paranaíba. O filme traz ainda um ritual com Congadeiros na Tenda Coração de Jesus, no bairro Martins, em Uberlândia. Arquivo: Imagem e Som. Setor de Multi & Meios da Biblioteca da Universidade Federal de Uberlândia, 2006.

Foto 4: Terno de Moçambique Estrela Guia de Uberlândia-MG. Lucas, o menino da caixa. Arq/JB/2008.

Os *Catupés* ou *Catopês* surgiram da influência indígena, propiciada pela interação ocorrida entre escravos fugidos, que se escondiam nas matas, com os índios. Após retornarem para os vilarejos com o fim da escravidão, esses escravos inseriram nas Congadas o jeito de vestir e dançar dos indígenas. Utilizariam ainda cantorias irônicas e também críticas sociais.

Já os *Marujos e Marinheiros*, teriam suas origens ligadas a influências mouras e portuguesas. O uso de marlotas – vestuário idêntico a uma capa tamanho médio – para esconder as espadas e evoluírem como se estivessem em formação de luta, percutindo fortemente os seus maracanãs (caixas grandes), repiliques (caixas menores) e os chocalhos simbolizam, através de cantorias, a submissão final dos mouros ao poder dos cristãos. Em outros lugares, Marujadas, Marinheiros e Marujos representariam a dolorosa travessia dos africanos escravizados pelos mares.

Os *Penachos* representavam os índios africanos inseridos nas Congadas. Suas cantorias geralmente se apresentariam como um coral de lamentações e as coreografias essencialmente de passos marcados de forma cadenciada.

O *Terno de Vilão* resultaria, na oralidade do Capitão Antonio João dos Santos do Vilão Fantástico, da cidade mineira de Serra do Salitre,[4] "numa lembrança de jovens escravos preparados para assaltar as fazendas e engenhos, levando animais domésticos e mantimentos".

Assim sendo, a dança dos vilões retrataria a existência de possíveis conflitos simbolizados em representações coletivas: "avança e recua"; "assovios intercalados entre os diversos capitães"; "dançar astuciosamente" e o "entrechoque de bastões feitos de bambu".

Salientamos, contudo, que essas são algumas singularidades desses grupos que apresentam uma estrutura muito mais densa e complexa, com uma enor-

---

[4] Entrevista realizada em 2003 para o Documentário **Reis de Contas**. Arquivo: Imagem e Som. Setor de Multi&Meios da Biblioteca da Universidade Federal de Uberlândia, 2006.

me diversidade regional capaz de, em determinados lugares, mostrar outras denominações, como é o caso, por exemplo, da cidade de Dores do Indaiá (oeste de Minas), onde existe o Terno dos Comilões, cuja função é a de chegar às casas dos festeiros somente para se alimentar. Outra diversidade está na cidade de Araújos, perto de Divinópolis, onde os grupos são denominados de "cortes", como é o caso do "Corte do cabelo Louro".

Foto 5: Terno de Marinheiro de Itapecerica (MG) – JB 2004.

Foto 6: Terno de Vilão de Itapecerica.

Foto 7: Terno de Congo de Iguatama-MG— JB 2004.

2. FUNDAMENTAÇÃO TEÓRICO-EMPÍRICA
Contexto Histórico Cultural e Memória do Congo

Em planos de equivalências simbólicas redimensionadas, quer seja em decorrência de continuidades e/ou descontinuidades provenientes de um processo diaspórico de negros escravizados, principalmente da etnia banto no Brasil, pensamos ser possível entender de que maneira os elementos culturais – que reapropriados por meio de um deslocamento involuntário resultante do período escravista e, no entanto, interativo com outras formas de ver o mundo, a vida e a religiosidade –, se tornaram na cidade de Uberlândia um rememorar anual de ritos impregnados de essências culturais ainda vivenciadas através de tradicionalidades oriundas dos mitos de origem fundamentados na estrutura religiosa de matriz africana e do catolicismo popular. Stuart Hall apresenta essas identidades por meio de rotas culturais em que

> [...] as identidades formadas no interior da matriz dos significados coloniais foram construídas de tal forma a barrar e rejeitar o engajamento com as histórias reais de nossa sociedade ou de suas "rotas" culturais. Os enormes esforços empreendidos, através dos anos, não apenas por estudiosos da academia, mas pelos próprios praticantes da cultura, de juntar ao presente essas "rotas" fragmentárias, frequentemente ilegais, e reconstruir suas genealogias não ditas, constituem a preparação do terreno histórico de que precisamos para conferir sentido à matriz interpretativa e às autoimagens de nossa cultura, para tornar o invisível visível.[5]

---

[5] HALL, Stuart. **Da Diáspora**: Identidades e Mediações Culturais. ORG: Liv SoviK. Belo Horizonte: Editora UFMG, 2006, p. 41.

Reminiscências factuais do período colonial no Brasil fizeram que a terminologia Congo obtivesse um sentido de referencial histórico muito importante para diversos grupos étnicos originários da grande região denominada manicongo, situada na faixa centro-ocidental do continente africano.

De acordo com Nicolás Ngou-Mve[6], a categoria Congo, amplamente empregada nas Américas, se originaria de povos que falavam uma língua ancestral, o banto. Esses grupos étnicos se expandiram a partir do ano mil antes da era cristã, até por volta de 1200, quando cessam o período migratório e se estabelecem às margens do que vai ser denominado Rio Congo, conforme observa o autor, ao dizer que:

> [...] *"hacia 1200, se situa el fin de migraciones desde el núcleo proto-bantú llamado Congo, que partindo de Nok, em el ano 1000 A. J. C, se instalan em el sur Del Rio Congo o Zaire imponténdose".*[7]

---

[6] NGOU-MVE, Nicolas. **El África Bantú Em La Colonización de México (1595-1640)**. Consejo Superior de Investigaciones Científicas, Agencia Española de Cooperación Internacional, Madrid, 1994. Pontua pragmaticamente a formação do Reino do Congo, através do tronco linguístico denominado banto e de como se processaram a expansão territorial, política, econômica e cultural do Congo antes da chegada dos portugueses no século XV.

[7] Idem, p. 14.

Ao se impor aos grupos étnicos locais, esse povo nômade ocuparia um espaço territorial considerável e, ao formar um razoável Estado, incitaria as populações dominadas a criar um novo reino. Seria resultante então desse processo histórico o surgimento de várias línguas originais do banto[8]. A respeito desse núcleo comum linguístico Nicolás Ngou-Mve afirma:

> *[...] ocupan toda la region y se forma un pequeno estado en la ribera derecha del Zaire (...) pronto el Vungu se superpuebla provocando que de la población cruce el rio para crear un novo reino en la ribera izquierda. Es el principio de la expansión, del estallido proto--bantú en varias lenguas o en vários dialetos llamados bantú.[9]*

---

[8] Ibidem, p. 14.

[9] Ibidem, p. 14.

Dessa forma, pode-se deduzir o quanto esses povos de cultura banta[10] impuseram o seu sistema cultural de vida possivelmente estruturada na hereditariedade advinda de laços consanguíneos, no modo guerreiro de administrar conflitos e no modo de vivenciar a religiosidade. Parte dessa invasão banta deveu-se também à capacidade dos conquistadores na feitura de intercâmbios, de alianças consagradas através de matrimônios, característica essa fundamental para a consolidação da cultura banta na referida época:

> *[...] gracias a este sistema de alianzas por matrimônio, fraternidad, por intercâmbio de sangre que le daba incluso derecho a heredar, el extranjero se convertia en poseedor de la tierra, tendendo desde esse momento el pleno y libre disfrute de ésta puesto que habian*

---

[10] Povo composto por várias nações que, na condição de escravos, eram identificados no Brasil como angolas, cabindas, benguelas, congos e moçambiques. Em **Os Bantos no Brasil**, texto de Ornato José da Silva, o autor observa que o tráfico de escravos para o Brasil teve cerca de 70% de grupos étnicos de origens bantas, principalmente de Angola. Esses bantos trouxeram consigo seu sistema cultural, mesmo sob o regime de escravidão: suas músicas, sua medicina, culinária, contos, danças como o caxambu, o jongo, o maculelê, as congadas, o samba etc. De acordo com Ornato, os bantos espalharam-se pelo Estado do Espírito Santo, Rio de Janeiro, com maior densidade populacional em Pernambuco e principalmente em Minas Gerais e menos participação na Bahia.

aceptado tanto los dioses del hogar como los vivos. Hospitalidad y alianzas: ambas parecem ser los principios de la expansión cultural bantú; es decir, intercâmbio de palabras y de sangre.[11]

O Reino do Congo então seria resultante do encontro de povos étnicos em consequência de determinados processos históricos culturais. Os africanos estigmatizados pelos invasores europeus que viam esse povo como gente primitiva possuiriam, na realidade, um complexo instrumento administrador da estrutura social. Esse controle não permitiria a existência de delitos considerados criminosos: incesto, roubo, adultério, estupro e mortes entre os iguais. Nessa circunstância, parece ser decorrência de um arcabouço de leis instituídas por um clã dominador o sobrevir do histórico Reino do Congo.

Nesse aspecto, o que fundamentaria a criação do Reino Congo seria a história oral: um filho de rei ao cometer assassinato vai para o desterro com seus adeptos. Esse príncipe residiria à borda direita do rio Zaire e foi cumprir seu degredo na orla esquerda da mesma foz. Nesse ínterim, o rebento expatriado consegue interagir com a família do clã dominador da margem esquerda do rio Zaire e, ao casar-se com a filha do líder real, inicia

---

[11] Idem, p. 18.

a unificação das províncias existentes, com o objetivo de compor um poderoso Estado:

> *[...] antes de que las etnias se asimilen son los individuos y por tanto los hombres buscando mujeres para casarse los que inician el processo de expansión de la lengua y costumbres bantues. Se afirma que Lukeni, hijo pequeño del rey vungu – primer estado proto-bantú fundado en la ribera derecha del zaire – fué obligado a exilarse depués de un asesinato. A Seguido por sus partidarios que encontraron en la ribera izquierda a sus hermanos de congo y a los autóctonos ambudu, señores de la tierra, con los que Lukeni se alia casandose com la hija del jefe del clan local. Investido de esta doble autoridade, Lukeni se dedica a unir las demás provincias y a crear una corte prestigiosa: es la creación del reino de congo.*[12]

Diante dessa argumentação, poder-se-ia pressupor que o surgimento do Reino do Congo estaria ancorado num sistema especial de relações políticas, econômicas e culturais e, mais que isso, de negociações. Essas particularidades fariam supor que o reino nasceria de uma concepção estratégica de poder para se manter de forma uníssona por muito tempo. Entretanto, devido à sua exten-

---

[12] Ibidem, pp. 19-20.

sa territorialidade, as províncias que formariam o Congo começam a lutar pela própria independência, demonstrando, dessa forma, a existência de um sistema cultural que foi organizado antes mesmo da invasão dos europeus.

Com efeito, teriam sido os portugueses os primeiros a fazer contato direto com os povos congoleses durante a Idade Moderna. Dessa interação explorativa e evangelizadora teria início a dominação portuguesa, que se daria de forma paulatina. A resistência ao invasor se prolongaria por quase dois séculos, quando distúrbios internos e batalhas interétnicas facilitariam a entrada definitiva dos portugueses no Reino do Congo e, diante da cooperação inicial congolesa, a província de Angola seria colonizada por Portugal. Sob o ponto de vista dos conquistadores, a descoberta do reino dar-se-ia da seguinte forma:

> *[...] reino costero que se estiende desde el océano atlântico, por oeste, hasta el rio Qwango por el este, desde el rio congo por norte (...) describian, en essa época, el congo como un grand estado, centralizado gobernado por un rey: un Manicongo de nombre Ntotela que residía em Mbanza Congo, la capital (...) entre 1560 e 1665, el congo entra en un periodo de agitación que desemboca en el desastre de Ambuila. A partir de 1570, gracias a la pasividad del congo, comienza*

*la colonización portuguesa de la provincia
de Angola y, de 1578 a 1583, con una mayor
ayuda del gobierno del congo.*[13]

Como resultado desses acontecimentos, o Congo
se transformaria em um reino cristão e começaria a
negociar com os portugueses os vários grupos étnicos
dominados através de conquistas militares durante as
batalhas por busca de expansão territorial do Reino
Congo. Outra particularidade desse período turbulento
seria o processo de imigração forçada de vários povos,
principalmente de etnias identificadas como perten-
centes à cultura banto.

Pouco antes do ano 1500, os portugueses fariam
seus primeiros contatos com os congoleses, cuja abor-
dagem detalhada se encontra em *Reis Negros no Brasil
Escravista*, de Marina Mello e Souza.[14] Esses encontros

---

[13] Idem, pp. 27-28.

[14] Souza faz uma análise pormenorizada sobre os contatos de
europeus com o Reino Congo, os ritos, os símbolos, a conversão
congolesa ao catolicismo cristão, as Congadas no Brasil e a cristia-
nização, os saberes religiosos de um e de outros e a transmutação
desses conhecimentos culturais como se fossem possíveis de ser
adaptados à realidade da cultura congolesa. Este último, considerado por muitos um grande equívoco, pois o povo congolês não
teria desistido de suas crenças e sim assimilado, de acordo com sua
cosmologia, aquilo que considerava possível de ser incorporado.
SOUZA, Marina de Mello. **Reis Negros no Brasil Escravista.
Catolicismo e Poder**. O Caso Congolês. Cap. II. pp. 45-95.

podem ser percebidos através da constituição do Reino do Congo:

> *[...] parece datar do final do século XIV, a partir da expansão de núcleo localizado a noroeste de Mbanza Congo, que se tornou sua capital. Os mitos referem-se à conquista do território por um grupo de estrangeiros, chefiados por Nimi e Lukeni, que teria subjugado as aldeias da região do congo e imposto a sua soberania pela superioridade de sua força de guerra.*[15]

As guerras expansionistas teriam feito das populações derrotadas escravas em seus próprios territórios, preservando as linhagens locais que se aglutinavam em torno dos vencedores. Dessa forma, o Império do Reino do Congo já se encontrava centralizado, desenvolvido, com um sistema comercial avançado e uma produção alicerçada nos tributos e no escravismo interno. Assim, a chegada dos portugueses teria sido entendida como uma cosmologia religiosa, que enxergava nesses homens seres de outro mundo, do "além-águas", trazendo naquele instante alguns irmãos negros anteriormente reféns:

---

[15] SOUZA, Marina de Melo. **Reis Negros no Brasil Escravista.** História da Festa de Coroação de Rei Congo. Belo Horizonte: Editora UFMG, 2002, p. 47.

> *[...] portanto, não só encontraram populações escravas, mas também as condições necessárias para sustentar um mercado de escravos. (...) Não só no Congo, mas em estados da África Centro-Ocidental, os escravos eram resultado das guerras de expansão, sendo fundamentais na centralização e reforço das lealdades.*[16]

Vistos por esse ângulo, os permanentes conflitos produzidos pelos insurgentes nas províncias subjugadas por um poder central do Reino Congo e o interesse Português de constituir diferentes rotas escravistas proporcionariam a desintegração desse reino congolês:

> *Os conflitos com os mercadores portugueses se intensificaram à medida que o tráfico de escravos aumentou. A partir de 1556, os comerciantes portugueses abriram mais uma frente de conflito ao se estabelecerem no Reino do Ndongo, antiga província do Congo, que se tornaria a colônia portuguesa de Angola e o centro do comércio lusitano na África.*[17]

---

[16] Ibidem, p. 75.

[17] Ibidem, p. 94.

Marina de Mello e Souza percorre uma extensa bibliografia na tentativa de demonstrar que a presença da memória do Reino do Congo, por meio da história de coroação de Rei Congo, poderia ter sido resultado de um processo secular de intercâmbio cultural forçado:

> *[...] alguns textos deixam entrever que antes da chegada dos portugueses, a legitimação da dominação do poder central no Reino do Congo se fundava em alguns elementos que permaneciam existindo na época em que os registros foram feitos. Entre eles estavam: a conquista de outros povos por meio de batalhas, o fato de pertencer à linhagem real (...). A esses elementos, juntaram-se outros, trazidos pelos europeus e pela adoção do cristianismo como religião oficial.*[18]

A autora aborda a existência de nomenclaturas portuguesas para identificar o responsável pelo estandarte real do rei congolês, que ocidentalmente se chamaria alferes, e, dessa maneira, vários outros nomes se incorporariam ao vocabulário, de acordo com o entendimento português e de seus religiosos, como seria o caso de mordomo (majordomo) e tantos outros. Por isso, os diversos elementos provenientes desses encontros poderiam ser identificados nas eleições de reis

---

[18] Ibidem, p. 95.

negros no Brasil, principalmente durante as coroações de Reis de Congo na época dos festejos das Congadas, com uma presença muita acentuada de povos oriundos dessa matriz congolesa:

> *[...] essas cerimônias ricas em significados difíceis de serem desvendados, de uma complexidade que passou despercebida à maioria dos observadores e estudiosos resultam do encontro entre portugueses e africanos no contexto das relações escravistas.*[19]

Arrancados de seus lugares de origem, mulheres, homens, crianças e idosos abarrotam os tumbeiros dos navios e iniciam as travessias pelo oceano Atlântico para ser despejados e vendidos nas Américas. Entre esses degredados transformados em mão-de-obra escrava na colônia brasileira, estariam presentes pessoas de diversas etnias de origens culturais banto, entre as quais figuravam as nações de moçambiques e congos. Dessa forma, compreende-se que os congoleses cristãos já cultuavam seus referenciais de fé, de cultura, de história e devoção. Ubiratan Castro de Araújo sintetiza esse momento:

> *[...] a Congada é uma memória do grande Reino do Congo, um reino cristão desde 1460*

---

[19] Ibidem, p. 95.

e que durante duzentos anos esteve em guerra e o reino do manicongo,[20] só caiu em batalha por negar-se a exportar escravos para o Brasil por uma tropa de brasileiros. E é essa matriz do Reino do Congo que é preservada, portanto, é uma grande mentira, porque cristãos foram escravizados enquanto cristãos, e é essa matriz de congo, que se proliferou em todo o Brasil através das irmandades de matriz congo e congo angola, que no Brasil buscavam preservar a sua fé, apesar da escravidão. Houve negros que mantiveram suas origens e seus santos africanos como Santa Efigênia, São Benedito e Nossa Senhora do Rosário.[21]

O nome Congo emanaria igualmente de uma situação histórica vivenciada pelos ancestrais dos primeiros homens oriundos da cultura banto, que ao

---

[20] Manicongo corresponderia em língua congolesa à expressão "Soba dos Sobas", equivalente ao "Reis dos Reis" dos antigos persas. Alfredo João Rabaçal faz interessante contextualização histórica a respeito desse assunto, abordando personagens centrais dos congos, congados, congadas, como o príncipe Suena e o Rei Cariongo, em guerra contra os portugueses, buscando as bandeiras inimigas tomar. RABAÇAL, Alfredo João. **Congadas no Brasil**, p. 120-122.

[21] Irmão Noviço da Irmandade da Venerável Ordem Terceira de Nossa Senhora dos Homens Pretos de Salvador – Pelourinho. Palestra realizada no auditório da Federação das Indústrias do Estado de Minas Gerais (Fiemg) em Uberlândia. 01/04/2005.

Brasil chegaram na condição de escravizados. Pensamos que naquela ocasião todos os registros primários teriam sido produzidos sob a ótica dos primeiros conquistadores a desembarcar no Reino do Congo, o que, de certa forma, nos faz considerar esses escritos portadores de uma visão parcial sobre esses encontros.

Entretanto, se ainda existe uma memória visível da cosmografia banto, através do Rei de Congo nas Congadas, essa visualidade imagética se encontraria nos bastões utilizados pelos principais comandantes dos Ternos de Moçambiques de Uberlândia e região, apresentando distintas simbologias, tanto no ápice quanto no centro ou na base de cada cajado.

Observamos na leitura de Marina de Mello e Souza que existiria um tipo de líder congolês religioso, que seria responsável pela comunicação com as forças da natureza e pelas instituições familiares. Além disso, esses líderes utilizariam a espiritualidade para ajudar os mais necessitados. Também legitimariam poderes políticos através do reconhecimento de novos chefes e "como distintivo de seus poderes, carregavam apenas um bastão de cerca de 120 cm com o topo esculpido".[22]

Os bastões utilizados nas Congadas, que na maioria dos lugares são constituídos por símbolos incrustados em seus formatos de madeira, identificadores

---

[22] SOUZA, Marina de Melo. **Reis Negros no Brasil Escravista. História da Festa de Coroação de Rei Congo**. Belo Horizonte: Editora UFMG, 2002, p. 65.

de representações míticas cultuadas na religiosidade afro-brasileira, continuariam aparecendo nas mãos de vários capitães, com maior frequência nos Ternos de Moçambiques:

> *Comuns na África Centro-Ocidental, eram minkisi que incorporavam qualidades da entidade divina representada, e com a qual eram meios de contato. Esses bastões estão presentes em festas da atualidade, provavelmente ocorrendo o mesmo nas mais antigas, uma vez que para existirem agora, o saber envolvendo sua feitura, significação e tratamento ritual, diretamente ligado às culturas africanas, foi transmitido por gerações anteriores.*[23]

No entendimento de Glaura Lucas, essa memória cultural também se apresentaria simbolicamente por meio de outros ritos:

> *[...] nos rituais do Congado, a religiosidade vinculada ao culto aos antepassados, bem como um conjunto de valores e saberes africanos que vêm sendo reelaborados ao longo do tempo, se manifestam na forma de devoção, nas estruturas rituais, nos elementos*

---

[23] Idem, p. 221.

simbólicos, em atitudes e comportamentos, na música e na dança (...). Esse sentimento deixa transparecer no congado a importância que grupos bantos atribuem à participação e interferência dos habitantes do tempo passado nos acontecimentos do presente.[24]

Essa memória espiritual do Reino de Congo, que se faz tão presente em Minas Gerais, redimensionada nas ritualidades incorporadas pelos Ternos de Congadas, demonstraria que os grupos étnicos chegados ao Brasil, por meio de um processo escravista, não trouxeram apenas suas massas corporais destinadas ao trabalho forçado. Com isso, toda uma ancestralidade cultural teria acompanhado esses povos durante as travessias transatlânticas. Desse modo, Leda Maria Martins reitera:

> *[...] com nossos ancestrais vieram as suas divindades, seus modos singulares e diversos de visão de mundo, sua alteridade linguística, artística, étnica, técnica, religiosa, cultural, suas diferentes formas de organização social e de simbolização do real (...). No processo dinâmico de interação com o outro, transformam-se e reatualizam-se, continuamente, em novos*

---

[24] LUCAS, Glaura. **Os Sons do Rosário**: o congado mineiro dos Arturos e Jatobá. Belo Horizonte: Ed. UFMG, 2002, pp. 50-51.

e diferenciados rituais de linguagem e de expressão, coreografando a singularidade e alteridade negras.[25]

Por isso, percebe-se também que nas Congadas existem os momentos de confraternização, de irmandades, de saudades, de alegrias. As pessoas aguardam ansiosamente o tempo da festa, pois se costuma dizer que a felicidade do negro é uma felicidade guerreira e a alegria do artista congadeiro é celebrar o Congado o ano inteiro. Estudando Celso Luiz Prudente, percebe-se que ele chama atenção para o fato de que o artista negro:

> *Sem poder vivenciar plenamente sua personalidade, tenta abstrair a realidade material para construir no contratempo do tempo um espaço imaginário. Uma lucidez tão profunda, de lógicas subjetivas, em que as marcas do triste passado são essências basilares para a construção do futuro alegre.*[26]

Esse mundo de alegria, de origem ancestralista, identidade étnica de um povo que mesmo escravizado

---

[25] MARTINS, Leda Maria. **Afrografias da Memória**: O Reinado do Rosário no Jatobá. São Paulo: Perspectiva; Belo Horizonte: Mazza Edições, 1997, p. 26.

[26] PRUDENTE, Celso. **Mãos Negras**: antropologia da arte negra. São Paulo: Editora Panorama do Saber, 2002, p. 78.

soube reconstruir existências culturais diversas, continuando resistentemente no além-mar a vivenciar seus cultos, quer fosse de maneira astuta ou por assimilação, com outras formas culturais existentes nas Américas. De qualquer maneira, esse negro não teria desistido de sua memória espiritual:

> *Em qualquer condição, parece que os negros não abrem mão de sua natureza transcendental: o segredo mágico da alegria que veste a tristeza para não deixar a dor fragmentar a condição ontológica daquele que vive o preconceito e seus desdobramentos.*[27]

Em *Mãos Negras*, antropologia da arte negra, Celso Luiz Prudente analisa obras de artistas afro-descendentes e chega ao entendimento de que a arte do negro, no processo da diáspora, representaria fragmentos miméticos de várias outras Áfricas. O negro, mesmo sob o jugo do escravismo eurocêntrico, sem respeito às diversidades culturais que teria marcado o Brasil nos últimos séculos, desarticulou o isolacionismo cultural, promovido pelos detentores da chamada

---

[27] Idem, p. 129.

intelectualidade elitista brasileira, e conseguiu se fazer aos poucos, sujeito histórico de suas próprias vivências comunitárias e artísticas.[28]

---

[28] É quase raridade se ver exposições de artes plásticas com temáticas afro e realizadas por afro-descendentes. No texto de Celso Prudente se destacam o "Olimpo Negro"; "A magia existencial do traço negro"; "Pictórica musicalidade afra" e "Alegoria alegre do negro triste". PRUDENTE, Celso Luiz. **Mãos Negras**, 2003, pp. 49-129.

3. FUNDAMENTAÇÃO TEÓRICO-METODOLÓGICA E INTERDISCIPLINAR

Foto 8: Trabalho produzido por alunos do ensino fundamental da Escola Municipal Domingos Pimentel de Ulhôa de Uberlândia – Anexo I – Bairro Santa Mônica.

3.1 Geografia

Associadas aos povos bantos vindos das atuais regiões de Angola, Congo e Moçambique – países localizados no Centro-Sul da África, Reino da África Central e Costa Sudeste da África, respectivamente, sendo a maioria desses congadeiros de etnia banta, oriundos da África Ocidental – as Congadas surgiram no Brasil na terceira década do século XVI e se fazem presentes em Minas Gerais desde o início do século XVIII.

O professor poderá trabalhar a questão do mapa da África a partir das Congadas existentes no Triângulo Mineiro e Alto Paranaíba. Buscando uma forma de interatividade entre aluno e comunidade, é possível conhecer em que locais geográficos estão concentrados os ternos de Congado: leste, sul, oeste e norte.

Trabalhando preliminarmente com os estudantes, o professor poderá incentivá-los a fazer pesquisa de campo. Uma atividade possível é propor aos alunos que procurem conhecer as casas dos congadeiros que vivem em seu bairro, o que contribui para a valorização e autoestima dos próprios alunos, que possivelmente encontrarão muitos conhecidos do ambiente escolar que são adeptos do Congado.

Como princípio teórico metodológico, o professor poderá também incentivar o uso de gravador e filmadora. Quando isso não for possível, o professor poderá sugerir aos alunos que usem uma caderneta de anotações. O aluno entusiasmado com a ideia entenderá com mais facilidade o mapa geográfico de sua cidade. Uma pergunta para contextualizar esta atividade poderá ser: o Terno Moçambique de Belém está situado no bairro Santa Mônica, qual região da cidade é essa?

A possibilidade de estudar geografia crítica e política também é possível, visto que os grupos de Congado enfrentam diversas dificuldades para manter suas práticas culturais, devido à modernidade. Entre essas ameaças, está a luta dos negros do bairro Patrimônio, que estão perdendo seus espaços para a construção de avenidas e edifícios, sendo obrigados a sair de seus antigos locais de celebrações. Com isso, tiveram que transferir seus ensaios para a avenida Rondon Pacheco, onde são impedidos de soltar foguetes de alvorada, devido às constantes reclamações de vizinhos.

3.2 História

Há muitas maneiras de se trabalhar o Congado, em perspectiva histórica, a fim de contemplar o período que envolve desde o Reino Cristão do Congo até os dias atuais. É possível analisar os processos de escravidão através da história mítica do surgimento do Congado no Brasil, especialmente em Minas Gerais, por meio das relações das bandas de músicas formadas por negros no período colonial para divertir a coroa, a influência indígena e portuguesa nas Congadas, a história de Chico Rei e as minerações de Minas Gerais, a influência dos povos bantos, principalmente das regiões de Angola, Congo e Moçambique.

O professor poderá trabalhar com a formação dos Ternos de Catupés, falando de sua origem vinculada à influência dos índios, pois negros fugidos embreavam-se nas matas, encontravam os índios, aprendiam táticas de sobrevivências em ambientes hostis e, depois da abolição, levaram para as Congadas muitas características indígenas, como o cocar, o penacho e certos estilos de danças.

3.3 Matemática

Nas Congadas, a Matemática se faz presente o tempo todo: no número de ternos; de instrumentos; de meninas do estandarte; de soldados; de capitães; de novenas; de leilões; de crianças; de adultos; de idosos etc. Por exemplo: a formação de um Terno Congo se constitui dos seguintes elementos:

Estrutura de um Terno de Congo

Instrumentos	Números	Valor Unitário	Total	Componentes
Maracanãs	5 caixas	R$ 100,00	R$ 500,00	5 caixeiros
Repiliques	5	R$ 50,00	R$ 250,00	5
Chocalhos	5	R$ 30,00	R$ 150,00	5

Instrumentos	Números	Valor Unitário	Total	Componentes
Estandarte	1	R$ 300,00	R$ 300,00	7 meninas
Bandeirinha	1	R$ 50,00	R$ 50,00	1 menina
Capitães	3	----	----	3 capitães
Madrinhas	3	----	----	3 madrinhas
Roupas	27	R$ 40,00	R$ 1.080,00	29 componentes

O professor pode trabalhar com a média de número de componentes dos Ternos de Congado, que totalizam 25 grupos em Uberlândia. O trabalho de campo incentiva o estudante a interagir com a cultura afro-brasileira e, principalmente, com os Congadeiros da região onde mora.

Entrevistando os barraqueiros nos dias de festa, os alunos podem aprender a fazer contas, como por exemplo, a da média de sanduíches e refrigerantes vendidos, a fim de descobrir o lucro possível dos barraqueiros.

Poderão ainda coletar dados por faixa etária dos praticantes Congadeiros e depois fazer a média de idade dos Congadeiros por bairro, por exemplo, nos bairros Brasil, Tibery e Santa Mônica.

A investigação com as costureiras e bordadeiras sobre o custo médio por metro de tecido e valor final das peças que compõem o vestuário dos Congadeiros poderá ampliar o horizonte do aluno, que de repente estará entrevistando sua própria vizinha, mãe, tia, ou até mesmo amigos dos pais e dos irmãos, o que pode contribuir para uma maior interação do educando em seu próprio meio social.

Através das distâncias percorridas diariamente por vários grupos de congados, o aluno terá mais possibilidades de trabalhar com a quilometragem, em questões como esta: se um grupo de Congado durante os trinta dias de leilões fez um percurso de 158 km, quantos quilômetros em média foram percorridos por dia?

3.4 Português/Literatura

A proposta aqui é trabalhar a influência da cultura afro-brasileira através da língua, da culinária, da poesia e da literatura oral. As congadas são tradicionalmente transmitidas de gerações a gerações através da oralidade, uma vez que a palavra é seu instrumento vital. É possível explorar essa dinâmica por meio do documentário j., Brasileiro a Brasileiro, que evidencia várias nuances da Congada através da fala e da poesia.

3.4.1 Poemas
1) Congadas de Amarração – setembro de 2004
Amarra! Amarra!
Amarra esse nego sem dó!

Esse nego é catimbeiro
capitão moçambiqueiro
que desata qualquer nó.
Suplicia! Suplicia!
Nessa roda do suplício
amarra esse nego maió
nego véio lá de Angola
canta e fala quando é hora
pra móde mantê seu reiná
pro reiná do rei do povo
pro reiná do rei perpértuo
que em todo lugá congadero
haverá nego caixeiro defendendo seu bastão.

2) Congadas de Todas as Cores
Os congos, marujos, marinheiros, catupés
São as guardas do reinado
As meninas com as fitas do estandarte
Levam a santa para a igreja
Há festejos coloridos, mais brincantes, mais dançantes
Congadas de pandeiros, acordeons, de reco-recos
Há congos de repiliques
gungas nos moçambiques
Catupés de tamborins
marujos de espadachins
Vilões com suas lanças
penachos com seus cocares
Marinheiro cantando os mares

3) Dança de Beira-Mar

Na dança de beira-mar
Nossos pés sincronizados junto à terra
Executam movimentos ora lentos, ora febris
A lembrar de correntes escravistas
Cujo tilintar de argolas não cessaram nossas danças.
Que redimensionadas mimetizam-se nas gungas
No corpo percussivo dos reais moçambiqueiros.
Nossos assobiadores planejaram muitas fugas
Disfarçados nos gorjeios de alguns pássaros
Saqueavam barracões para alimentar senzalas
E o apito fez-se voz em todo grupo de congado.
Com as bateias de madeira no garimpo
A balouçar em nossas mãos
Construímos patagongas, recriamos nossos sons!
Que após as travessias persistiram latejantes
Na memória espiritual de todos nós.

4) Moçambiqueiro Curador

Nossos atos de louvor e fé
Permanecem na gestualidade
No choro, na esperança e na certeza
De doença Nossa Senhora curar.
Capitão visita casa de festeiro
Com missão de curador
Rezador moçambiqueiro
Canta forte contra a dor
Natureza tão presente

De sinceridade humana
Capitão de Moçambique desafia monsenhor
E benze e alevanta congadeiro
Através de ritual de seu tambor.

Foto 9: Moçambique de Cachoeirinha em Ibiá (MG).
Ritual de Cruzamento com outro Terno de Congada: à frente
vem o Primeiro Capitão, seguido pelo segundo Capitão, ambos
com os bastões em posição de defesa territorial. JB/2004.

5) *Simbologias dos Congos de Minas*
O mastro, a bandeira, a estatueta
O berrante boiadeiro
E seu mistério nas congadas
Artefatos de madeira

55

Desde os tempos de senzalas
Mar aberto, crença antiga, lembrança viva
Simbologia na cor, no gesto, no olhar
Minas não é singular
Minas são vários plurais

6) *Ubercongalândia*
Uberesistência conga
Uberlindacongalândia
Uberlândia das Congadas
Memória viva do congo
No reino de Minas Gerais

7) *Congo Banto no Brasil*
Nas Congadas têm caçulas cochilando
O batido Moçambique que parece reza triste
Lembra semba, lembra samba de origem africana
Negro congo, negro banto, modifica português
E daí o samba lá representando oração
Chega aqui e se transforma em alegria dançarina
musical
Português que dormitava de repente cochilava
E o difícil Benjamin virou caçula no Brasil.
êta negro congo banto esperto einh sô!?

8) *A Esperança é Azul – junho de 1998*
Vários Ternos de Congada
Gostam de vestir azul

Simbologia do céu e ascensão da Virgem – Mãe Nossa Senhora do Rosário

Amarelo é o ouro na cabeça do Rei Congo e da Rainha

São Benedito também é Louvado por ser grande protetor

Dos homens de grande fé.

3. 5 Artes

Ieketê de Oxumarê: tipo de ojá, de quepe ou boné com suas várias cores impregnadas de simbolismos, principalmente em louvação ao Orixá Oxumaré – arco-íris. As várias tonalidades também significam uma representação das diversas cores utilizadas pelos grupos de Congado. Esse é um arquétipo no Kamakuê (na cabeça), do General ou Comandante Geral de Congado.

Rosa: representa o sensível, o afetivo, a humildade.

Roxo: uma homenagem a São Benedito, resultante de coragem contra adversidades.

Azul-piscina: simboliza a alegria dos marinheiros ao resgatar Santa Ifigênia no fundo do mar.

Verde-glauco: essa cor mais ou menos verde era usada pelos adolescentes em fase de transição-preparação para utilizar as cores das indumentárias dos adultos, principalmente nos grupos de marujos e marinheiros.

Verde-piscina: traduz a felicidade dos marinheiros ao buscar Santa Ifigênia no mar de águas límpidas.

Preta: contra toda a tirania, é também resistência dos Congados através de suas micro-nações compostas ainda em sua maioria por congadeiros negros.

Azul-marinho: homenageia o sofrimento das mulheres escravas que eram lançadas ao mar para aliviar as cargas dos navios negreiros, quando estavam ameaçados de naufragarem em meio às tempestades.

Azul: pra combater as injustiças, as confusões, ancestralidade, compromisso e fé. Essa cor possuía seus encantos mágicos para os maleses: "E entre os devotos da Igreja, é comum à mística das cores se associarem promessas a santos. Manuel Querino fala também de uma "tinta azul", importada da África, de que se serviam os malês para seus feitiços ou mandingas: escreviam com essa tinta sinais cabalísticos sobre uma tábua preta. Depois lavavam a tábua, e davam a beber a água a quem quisesse fechar o corpo; ou atiravam-na no caminho da pessoa que se pretendia enfeitiçar".[29]

Vermelho: que retira maledicências, os quebrantos e também é persistência mesmo com sofrimento diário, força para suportar as adversidades cotidianas.

Amarelo: que espanta o mau olhado traz riqueza e saúde, bem-estar de vida na modernidade que a cada dia obriga o homem a distanciar-se de si mesmo para se integrar na sociedade de consumo destituído de sua identidade própria.

---

[29] FREYRE, Gilberto. **Casa Grande & Senzala**, p. 368.

Verde: além de ser protetor das más querenças, é a esperança de que as crianças, os adolescentes e os jovens adultos possam continuar com os rituais do congado e das Congadas. A certeza de que a transmissão há de se perpetuar.

Cores e tradições: todo Terno de Congado tem determinado tipo de cor, quer seja por ligação aos santos devocionais, por empatia e beleza, por ser de origem dos primeiros fundadores ou mesmo por estar associada às divindades da religiosidade afro-brasileira, como os encantados, os orixás. Conhecendo as cores, a tonalidade das cores, os alunos poderão produzir pinturas relativas ao Congado, fazer exposições e criar textos iconográficos. Nos mastros de Uberlândia, há cores de vários orixás, embora isso não seja perceptível pelas pessoas que desconhecem os vários tipos de manifestações ritualísticas em que se encontram impregnados os congados da cidade. Cristiane, do Moçambique Guardiões de São Benedito, uma das responsáveis pela confecção dos mastros, diz que nas cores se assentam as energias protetoras para dar andamento a uma boa festa para todos os congadeiros.[30]

Mastro de Cor Azul e branca: a devoção a São Benedito e sua ligação com as bandas de congo vem

---

[30] Cristiane Maria, Capitã do Moçambique Guardiões de São Benedito de Uberlândia, em depoimento nos dias 07 e 08 de outubro, 2009, durante as confecções dos mastros de Nossa Senhora do Rosário e de São Benedito, na Oficina Cultural de Uberlândia.

a partir de uma lenda que conta a história do navio negreiro "Palermo", que traria uma leva de escravos para o Brasil e naufragou no litoral de Nova Almeida, Espírito Santo. Conta-se que os negros se salvaram agarrados ao mastro do navio, orando a São Benedito. Origina-se daí a fincada do mastro de São Benedito nas praças das Igrejas.[31]

3.6 Educação Física

O corpo é o primeiro instrumento percussivo de um congadeiro dançante ou em movimento. Desse modo, a gestualidade não é apenas um ato comunicacional, ela é a energia interior que se exterioriza por meio do movimentar. Por isso, alguns gestos corporais são meticulosamente trabalhados, pois somente no improviso, uma torção, uma fratura exposta, pode ser inevitável, principalmente se considerarmos que os lugares em que esses dançadores atuam, não oferecem condições ideais para tais práticas culturais. Dessa forma, é que se estabelece um exercício artístico que faz do próprio corpo um espetáculo público.

Mariana de Almeida Zani salienta que a compreensão da cultura popular e de seu sentido estético contribui de forma interessante para outra perspectiva de pensar sobre a corporeidade acreditando que para

---

[31] *In*: LINS, Jaceguay. **O Congo do Espírito Santo**. Vitória: Gráfica e Editora GSA, 2009, p.20.

isso os educadores necessitam de olhar para os fazeres do gesto como territorialidades simbólicas, trazendo nesse sentido, uma contribuição para a educação Física. Acrescenta que é preciso valorizar as diferenças e formar-se no encontro com o outro, possibilitando assim, um sentimento de alteridade que a educação física precisa incorporar para almejar uma formação mais humana. Mariana percebe que é possível analisar o ritual como espaço de lazer, tendo como foco o corpo e sua gestualidade, quer seja nas danças, nos ritmos, nos papéis ali representados.[32]

---

[32] *In*: **Congado, Corpo e Gestualidade**: um estudo da festa como espaço de lazer. Mariana de Almeida Zani. Graduanda no curso de Licenciatura em Educação Física pela UFMG.

4. FUNDAMENTAÇÃO TEÓRICO-METODOLÓGICA E PRÁTICA

4.1 Atividades desenvolvidas de forma interdisciplinar em salas de aula do ensino fundamental (1ª a 4ª séries), através das disciplinas de Língua Portuguesa, História, Geografia, Matemática e Artes.

4.1.1 Língua Portuguesa

a) Apresentação de pequenos textos sobre as Congadas, para serem lidos e discutidos com os alunos;

b) Exibição de vídeo para melhor contextualização do tema;

c) Propor atividades de pesquisas para melhor entendimento sobre as "Congadas";

d) Exercícios de fixação, oral e escrito, através de textos a serem trabalhados em sala de aula.

Texto 1 – Crianças na Congada

Os Conguinhos vêm cantando
Vêm dançando sem parar
Os Conguinhos também usam
Lindo lenço azul pavão
Ojá branco na cabeça
Faixa verde, tênis branco
Chapéu multicolorido
Os Conguinhos representam
Resistência de um povo
Que insiste em sua fé.

Jeremias Brasileiro.
Congada de Fé. Uberlândia: Gráfica Monteiro, 1998.

Vocabulário

Ojá: turbante estilo árabe (espécie de pano amarrado sobre a cabeça).

Multicolorido: de muitas cores: azul, branco, vermelho, amarelo etc.

Resistência: em sentido figurado, qualidade de quem não desiste de sua cultura, de sua história, de sua música, de sua fé.

Insistir: continuar lutando para não deixar a festa da Congada acabar.

Trabalhando o Texto

a) Na sua opinião, quem são os Conguinhos a quem se refere o texto?

b) O que os Conguinhos fazem para demonstrar sua alegria?

c) Quais são os adornos usados pelos Conguinhos?

d) Na sua opinião, o que quer dizer a frase: "resistência de um povo"?

e) Marque as alternativas corretas. "Insiste em sua fé" é o mesmo que:
   ( ) deixar de lado a fé
   ( ) obstinar na fé
   ( ) perseverante na fé
   ( ) desligado da fé

f) Por que as crianças participam desde muito cedo das Congadas?
   (resposta pessoal)

Exercícios gramaticais

a) Substituir as palavras grifadas por um sinônimo.
   As crianças <u>dançam</u> sem parar.
   Elas usam um <u>lindo</u> lenço azul.
   E um chapéu <u>multicolorido</u>.

b) Passe as palavras grifadas para o diminutivo:
O lenço azul
Chapéu na cabeça.
Tênis branco.

c) Quais são as dificuldades dos Congadeiros para realizar seus ensaios?

d) Assinale o que for correto:
O Terno Moçambique de Belém está situado em qual bairro de Uberlândia?
( ) Patrimônio
( ) Santa Mônica
( ) São Gabriel

e) Ligue cada Terno ao Bairro onde se localiza. Faça uma pesquisa.

Moçambique Estrela Guia	Bairro Patrimônio
Marinheiros de São Benedito	Bairro Santa Mônica
Moçambique de Belém	Bairro Roosevelt
Azul de Maio	Bairro Tibery
Moçambique Pena Branca	Bairro São Jorge

f) Em que local se concentram os grupos de Congadas no dia da "Grande Festa do Rosário"?

g) De acordo com a pesquisa feita, vamos montar o seguinte gráfico:
• Número de alunos que fazem parte de Ternos de Congadas;

- Número de meninos (M);
- Número de meninas (F).

4.1.2 Geografia
1. Desenvolvimento

a) Apresentar para os alunos materiais sobre os Ternos de Congadas, como textos, fotos, gravuras, convites etc.;

b) Questionar os alunos acerca dos Ternos existentes em Uberlândia, Triângulo Mineiro e região do Alto Paranaíba;

c) Elaborar um trabalho específico a respeito da Congada, focando a realidade em seu município;

d) De acordo com a série ($3^{\underline{a}}$ e $4^{\underline{a}}$) e nível de conhecimento dos alunos, levar para sala de aula mapa da cidade para que o aluno localize com mais facilidade onde estão concentrados os Ternos de Congada;

e) Pesquisar em sala de aula qual o número de alunos que participa da Congada;

f) Levantar o número de alunos que fazem parte da Congada, entre meninos/meninas. Expor esses números em gráficos.

4.1.2.1 Atividades
Exemplo:

De acordo com o que você aprendeu sobre a "Congada", responda:

a) Quais os grupos de Congada que você conhece. Cite pelo menos três.

b) Qual a importância da Congada para a sua cidade?

4.1.3 História

Pesquisas

1. Pesquisar com os familiares ou pessoas que conhecem ou participam de grupos de "Congada":

a) Origem das Congadas;

b) Como surgiram as Congadas no Brasil;

c) A influência das Congadas na cultura de sua cidade e região.

2. O porquê desta Tradição Congadeira na manifestação das danças, das cores e ritmos culturais.

3. Quem é o Congadeiro mais antigo de sua cidade?

4.1.4 Matemática

"Nos Ternos de Congada tudo gira em torno de números: número de Ternos; de instrumentos, de novenas, de crianças, de idosos, adultos, de leilões, de capitães e vários outros fatores".

Temos aqui algumas propostas de situações-problema, baseadas em fatos reais

• O Terno Estrela Guia do Bairro São Jorge é comandado pelo Sr. Malaquias e a Sr. Iara. Além disso, é composto por participantes mirins, sendo que 40 são meninos e 27 são meninas.

a) Qual é o nome do Terno do Sr. Malaquias?
b) Onde ele está localizado?
c) Quantos meninos e quantas meninas fazem parte deste Terno?

• Faça a operação e descubra: quantos participantes fazem parte deste Terno, entre meninos e meninas?

• Em Uberlândia existem 25 Ternos de Congada, sendo que três estão localizados no Bairro Patrimônio, dois no Bairro Roosevelt, três no Bairro Tibery e os outros estão espalhados pelos demais Bairros e centro da cidade.

a) Nos bairros citados estão localizados quais Ternos?
b) Se são 25 Ternos, quantos estão localizados em outros Bairros e no centro?
c) Faça a operação para descobrir.

• Um Terno de Congo é constituído pelos seguintes instrumentos:

Observe a tabela:

Instrumentos	Números	Valor Unitário	Total
Maracanãs	5	R$ 28,50	
Repiliques	5	R$ 33,00	
Chocalhos	5	R$ 49,00	

Qual é o valor pago pelos:
a) Maracanãs?
b) Repiliques?
c) Chocalhos?
d) Qual é o valor total gasto em instrumentos?
e) Trabalhando com gráficos.
Sugestões
a) Levantar legendas para os Ternos.
b) Número quantitativo.
c) Porcentagem.

• Os Ternos existentes em Uberlândia são constituídos de:
a) Moçambiques
b) Catupés
c) Congos
d) Marinheiros
e) Marujos

4.1.5 Ensino Religioso
O Professor poderá trabalhar:
a) O combate à intolerância religiosa;

b) O respeito a todos os credos;

c) Valorizar a cultura, independente de religião, respeitando a bagagem de conhecimento dos alunos;

d) Usar textos para reflexão;

e) Exibir vídeos;

f) Propor pesquisas de campo.

4.1.6 Artes

O professor poderá propor as seguintes atividades:

a) Desenhos livres;

b) Recortes e colagens;

c) Painéis expositivos.

4.1.7 Educação Física

Uma variedade de sugestões existe, das quais destacamos duas:

a) Trança de Fita: uma possibilidade de se trabalhar com a coordenação motora dos alunos. Nos movimentos circulares (foto 10) que abrangem um ângulo de 360 graus, há uma necessidade de dançar num movimento de pés que ora avançam, ora recuam sem poder necessariamente olhar para o ápice do mastro em que a fita está sendo trançada, uma vez que isso poderia provocar entrechoques corporais desnecessários. Ninguém executa a trança de fita sem ensaiar e há grupos tão metódicos que conseguem construir uma teia qual formato de aranhas, devido a uma contínua preparação. Para as crianças, adolescentes e adultos, esse é um exercício interessante. O professor de Educação Física poderá interagir-se com o professor de artes que contribuirá na seleção das fitas multicoloridas, trabalhando a natureza simbólica dessas cores não só no contexto do Congado, mas a partir de suas vidas e de suas famílias.

O material necessário para o desenvolvimento dessa atividade é simples: um cano de PVC, fitas coloridas, preferencialmente se possível de tecidos ou similares, com várias tonalidades de cor; um grupo de alunos com no mínimo 12 componentes e se for preciso, até 24 estudantes, mas fazendo no mesmo mastro, duas tranças de fitas simultâneas de tal forma que no final, ambas pareçam quase ser uma só.

Foto 10: Trança de Fita com Marinheiro de Nossa Senhora do Rosário de Uberlândia. Arq/JB/2006.

b) Na Roda do Coroado, uma perspicácia da inteligência emocional: nessa brincadeira, ninguém sabe se o escolhido é um rei ou uma rainha, uma princesa ou um príncipe, é uma pessoa coroada. A presença do professor de artes é fundamental, pois há necessidade de se confeccionar um tipo de coroa que não pareça ser de rei nem de rainha, mas precisa ser coroa de reinado, bem trabalhada. A roda do coroado funciona mais ou menos assim: primeiro cada participante escreve o seu nome e coloca na caixinha coroada e depois se faz o sorteio do nome que será designado para a missão de descobrir a pessoa coroada, por isso é importante não sexualizar a atividade por meio da definição de gêneros, a coroa é uma só, até o momento em que se verifica o escolhido, se menino, é um rei, se menina, uma rainha; nesse primeiro sorteio, a pessoa escolhida se retira da roda e vai para um espaço isolado, já levando em suas mãos a coroa, sem presenciar o que está acontecendo; nesse ínterim, tira-se outro nome da caixinha coroada para saber quem será o rei ou rainha da vez; após essa etapa, chama-se a pessoa que está com a coroa nas mãos e à distância, para saber quem é o rei ou rainha, mas antes desse aluno (a) chegar, o escolhido deve combinar uma forma de dançar, de se movimentar, de tal forma a parecer que qualquer um deles pode ser o coroado (a); quando for revelada a identidade, a pessoa coloca a coroa na cabeça desse rei ou rainha que irá se ausentar tal qual o primeiro estudante fez, para retornar e decifrar o próximo coroado (a); e assim, sucessivamente se vai até o tempo determinado pelo professor. Na hipótese de o educador optar em trabalhar com a diversidade cultural dos grupos, ele pode no lugar da coroa, fazer uso de um bastão de Moçambique, de uma capa de Marujo ou Marinheiro, de um chapéu de Catupé, de um ornamento dos grupos de caboclinhos ou Penachos a partir de cocar utilizado na cabeça, todo enfeitado com fitinhas perpendiculares a cobrir todo o corpo, e qualquer outro utensílio que caracterize a região ou cidade em que essa atividade for desenvolvida no âmbito educacional, podendo ir do ensino infantil ao ensino superior.

5. ALGUNS INSTRUMENTOS NAS HISTÓRIAS DO CONGADO

5.1 Urugungo ou Urucungo

Instrumento musical usado pelos negros. Consistia em uma vara vergada, como um arco de flecha, com as extremidades presas por um fio ou barbante; na extremidade inferior fica amarrada uma cabaça. Com a cabaça apoiada no ventre, o negro tocava o fio, provocando ressonância.[33] Qualquer semelhança

---

[33] BARBOSA, Waldemar de Almeida. **Negros e Quilombos em Minas Gerais**. Belo Horizonte, 1972, p. 152.

com o berimbau de capoeira, não será nenhuma mera coincidência. No plano esquerdo da foto 11, observa-se outro instrumento de percussão semelhante à "Kalimba", ainda utilizado em algumas regiões de Angola e que consiste em uma espécie de violão, mas com fitas metálicas sobre um pedaço de madeira.

Foto 11: Aquarela de Jean Baptiste Debret (1768-1848). Banda de negros em que se observa a "mbira" (instrumento africano) no centro e um instrumento semelhante ao reco-reco, no plano direito. Extraído do livro de Debret. Viagem Pitoresca ao Brasil. *In*: LINS, Jaceguay. *O Congo do Espírito Santo*. Vitória: Gráfica e Editora GSA, 2009, p. 95.

5.2 Canzás ou Reco-recos

Os Reco-recos são instrumentos feitos de bambus, dentados e percutidos por uma espécie de baqueta.

Os Canzás utilizados no Espírito Santo, trazem em seus ápices diversas formas esculturais simbolizando antigos escravizados que morreram, sendo cultuados como pretos velhos ou outras entidades espirituais, de acordo com a devoção do grupo ou do tocador de Canzá. Existem três tipos de reco-recos: o de madeira escavada em um dos lados sobre o qual se aplica uma ou duas lâminas estriadas de bambu; o de bambu, com dentes chanfrados semicircularmente à mão ou por tornearia; o de metal, geralmente uma mola espiralada disposta numa das extremidades. Por ser um instrumento muito comum nas escolas de samba, os autênticos reco-requistas preferem os que são produzidos a partir da madeira ou do bambu.[34]

5.3 Tamborins

Pequeno instrumento quadriculado, coberto por couro dos dois lados e uma alça de couro para segurar-se com as mãos. Uma baqueta pequena é utilizada como percussão. São bastante utilizados pelos capitães de Congos do Alto Paranaíba, Oeste e Centro-Oeste de Minas. Teria sido esse o instrumento que substituiu a "mbira" que se vê nas mãos de um dançador no centro da foto 7.

---

[34] LINS, Jaceguay. **O Congo do Espírito Santo**. Vitória: Gráfica e Editora GSA, 2009, p. 45.

5.4 Macumba

Esse Instrumento visto na foto 12 possui uma historicidade marcante que verifica na imagem imponente de Tio Cândido, um dos raros tocadores de Macumba e que veio a falecer no ano de 2005. A Macumba adquiriu uma negatividade sociocultural devido a uma construção secular de pejoratividades em relação ao uso da mesma e que de forma inconsciente foi sendo incorporada por ideólogos racistas e também pelas comunidades negras desconhecedoras da função desse instrumento.

Quando os macumbeiros iniciavam seus toques de macumba e cantavam e dançavam, evidentemente que alguma coisa de ruim acontecia nas fazendas, muitos escravizados aproveitavam esses momentos para empreenderem suas fugas. Naturalmente que ao amanhecer e no conferir a presença dos seus objetos de ganho, os senhores de engenho descobriam que haviam perdido vários negros, perda considerável, por se tratar de propriedades móveis. Nesse aspecto, os capitães de mato podiam dizer aos seus senhores, que na noite que os negros fizeram macumba, alguns escravos fugiram. Assim, o termo macumba foi ganhando uma denotação pejorativa, sinônimo de coisa ruim, de maldade, pois realmente para os donos de escravos, tocar macumba podia significar fuga de escravos.

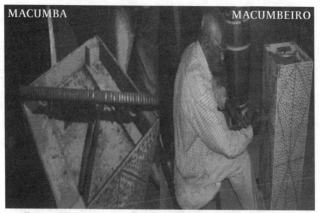

Foto 12: Instrumento denominado Macumba, composto por um bastão de madeira, com dentes em toda a extensão, possui também um pedaço de arame preso às extremidades, este arame contém tampas de garrafas, assim no momento de ser utilizado é apoiado na barriga, e em uma caixa de madeira, sendo usado duas varinhas de madeira em atrito com os dentes do bastão.[35]

5.5 Adufus ou Pandeiros

Ainda muito comuns nos Congos de Minas Gerais, é um instrumento cuja circunferência antiga é de madeira, tendo um lado coberto de couro e os seus 360 graus pontilhados por tampinhas de garrafas, geralmente em torno de três a cinco, em espaços alter-

---

[35] Foto: LOPES, K. C. S; 2004. LOPES, Kely Cristina, **Omolokô: um estudo do território negro em Uberlândia**. Monografia, Ciências Sociais. UFU.

nados, como se vê na foto 13. No Triângulo Mineiro e mais especificamente em Uberlândia, esse instrumento raramente aparece, devido a influência do carnaval a partir de 1953, com seus chocalhos, maracanãs, e repiliques, principalmente.

Foto 13: Os Ticumbis, congos espiritosantenses ainda utilizam os Adufus ou pandeiros originais.
Arq. JB/2009. Vitória/Espírito Santo/29/11/2009.

Os Ticumbis apresentam Narração histórica de uma batalha ocorrida no vale do Rio Congo, em que um Rei já cristão, converte um Rei Pagão ao catolicismo, concedendo-lhe o direito de festejar São Benedito. A noção que se tem é de um auto utilizado como processo de catequização de negros, muito empregado por jesuítas no Brasil-colônia e em outras regiões de África.

Todo o enredo se desenvolve por meio de embaixadas no Baile dos Congos, com secretários de ambos os Reis realizando uma espécie de cantoria ora devocional, ora provocativa e de teor irônico. Os soldados utilizam pandeiros, uma viola e alguns reco-recos, mas nesse auto, o mais comum são os pandeiros.

5.6 Sanfona ou Acordeon

Mais específicos dos grupos de Congos, podem ser encontrados em alguns moçambiques do Alto Paranaíba e do Centro-Oeste de Minas, em Minas Gerais.

5.7 Cuícas ou Puítas

É talvez o instrumento mais importante em um grupo de Congo. Em Uberlândia, apenas o Congo Sainha está retomando essa tradição que já não existe há tempos nos outros grupos de Congo na cidade, entretanto, ainda é muito comum em vários Congos de Minas Gerais. É uma pequena caixa de madeira contendo na extremidade apenas couro de boi a produzir sons roucos ao ser manualmente percutida com pano untado de óleo ou água. De madeira ocada, pode ser cilíndrica e também sintética, mas a maioria dos congadeiros prefere as cuícas de madeira àquelas que se presenciam nas baterias das escolas de sambas.

5.8 Chocalhos

Conforme cita Jaceguay Lins, os chocalhos possuem diversas denominações e são de uso constante a diversos povos, entre os quais se destacam os indígenas que utilizam cabaças, taquaras, casca de madeira e outros utensílios nos quais se agitam sementes, pedras, contas de lágrimas.[36] Em Minas, os chocalhos são de produção industrial a partir do alumínio ou de flandres e internamente se usa chumbinhos no lugar de sementes ou pedras.

5.9 Caixa Clara

Semelhante à zabumba, pertence ao grupo do tarol ou do tambor utilizado nas fanfarras, mais propriamente chamado de tambor militar. Sua presença não é muito comum no Triângulo Mineiro, mas aparece em profusão em muitos Congos do Alto Paranaíba, do Oeste e Centro-Oeste de Minas. Embora sejam industrializadas, há também as caixas-clara artesanais idênticas a tambores rasos de madeira e que possuem peles de couro afixado por meio de pregos.[37]

---

[36] A este respeito consultar: LINS, Jaceguay. **O Congo do Espírito Santo**. Vitória: Gráfica e Editora GSA, 2009, pp. 53-54.

[37] Idem, pp. 59-60.

5.10 Surdos, repiliques, maracanãs

Em Uberlândia e em várias cidades do Triângulo Mineiro, é forte a presença desses instrumentos oriundos das escolas de samba; em alguns grupos, o excesso de maracanãs, de repiliques e de surdos chega a confundir as pessoas, pois às vezes alguns ritmos acabam se incorporando também aos instrumentos e em vários casos, algumas paradas se assemelham às "paradinhas de uma bateria de escola de samba ou de bloco carnavalesco", o que produz descontentamentos sérios nos congadeiros mais tradicionalistas.

5.11 Os bastões

Os bastões (foto 14) possuem várias singularidades, de memórias, de mitos, de histórias, passados de gerações a gerações. Existem algumas que nos remetem aos tempos da escravidão em que os escravos em fuga no meio das matas, pegam pedaços de madeira para marcar os caminhos, sendo que o primeiro, considerado o líder do grupo, ficava sempre atento quando acontecia de alguém se desviar dos trilhos, assim, o líder iluminava a madeira através de uma tocha de fogo em seu ápice, e dessa forma o companheiro perdido reencontrava o caminho. Vem daí, em muitos lugares, umas das versões para a existência de capitães no Congado. Entretanto, os mitos, as lendas, as histórias, as memórias, as lembranças, são singulares e acompanham o movimento de cada grupo, de cada geração, transmitidas gestual e oralmente. Sabe-se que o forjar dos bastões no Congado, não é de natureza recente, são conhecimentos que atravessaram os mares desde épocas imemoriais.

5.12 As Gungas ou Paiás de Proteção

Instrumentos musicais constituídos de pequenas latas contendo esferas de chumbo no interior. São colocadas abaixo dos tornozelos (foto 14) dos dançadores dos grupos de Moçambiques. Também têm suas rememorações vinculadas à luta pela liberdade nos tempos de escravidão; quando escravizados utilizavam cabaças com sementes, amarrando-as às pernas, fazendo barulhos estridentes para assustar animais peçonhentos.

5.13 Patagomes ou Patagongas

Várias versões existem além da simplesmente percussiva (foto 14). Uma das principais está relacionada aos tempos das minerações, quando escravizados usavam as bateias nos garimpos. Do formato da Bateia (foto 15) apareceram os Patagomes, com pedras e sementes e mais tarde, com esferas de chumbo no seu interior.

Foto 14: Dançador de Moçambique com suas gungas abaixo dos tornozelos e um bastão na mão esquerda, símbolo de proteção. Ao seu redor há vários tocadores de Patagomes. Fonte: Jorge Henrique Paul, Uberlândia. 11/10/2009. A foto é do Moçambique de Belém na Praça do Rosário de Uberlândia.

Foto 15: No Reino do Congo, a Mineração já era conhecida bem antes da escravidão. Na foto acima, sem data e sem referência, uma Bateia na mão de um possível escravo.

As micronações são obrigadas a conviver com novas fronteiras delimitadas de acordo com interesses europeus.

Wangari Maathai, ativista ambientalista queniana, prêmio Nobel em 2004, chama de micronações, o que os colonialistas nomearam como sendo povos tribais. Fonte: Nova África, TV BRASIL, 17/12/09. Arq/JB/ DVD 351/09.

6. A COR DA GENTE:
Um projeto de ensino de artes desencadeando estudos sobre as relações étnico-raciais

Profa. Ms. Teresa Cristina Melo da Silveira

A COR DA GENTE foi um projeto de ensino de Artes Visuais que criei e desenvolvi com meus alunos da 3ª série do Ensino Fundamental, no decorrer do ano letivo de 2008. Sua elaboração teve como um dos principais objetivos promover, na disciplina de Educação Artística, estudos e discussões étnico-raciais ligadas à cultura Afro-brasileira, em atenção à Lei 10.639/03, reconhecendo a importância das lutas antirracistas dos movimentos sociais negros e incorporando a história e dignidade dos povos africanos na educação escolar. No decorrer do projeto, dentre outros estudos, eu propus aos alunos a realização de pesquisas sobre as manifestações culturais afro-brasileiras com uma ênfase no Congado.

Nas nossas aulas de Artes levei para a turma manusear, um catálogo de fotos sobre as Congadas em Minas Gerais[38] e assistimos alguns DVDs[39] sobre o assunto estudado, enfatizando as histórias e principalmente a riqueza de formas e cores presentes nos estandartes, bandeiras, vestes e instrumentos musicais de cada Terno de Congo, Moçambique, Marinheiro e

---

[38] BRASILEIRO, Jeremias. **Congadas. Retratos de Resistência e Fé.** As congadas nas regiões de Uberlândia e Alto Paranaíba em Minas Gerais. Brasília, 2005.

[39] JEREMIAS, BRASILEIRO E BRASILEIRO. Direção: Waltuir Alves. Uberlândia, 2008. 1 DVD (26 min.), son., color; OS REIZINHOS DE CONGO. Autor: Edimilson de Almeida Pereira. Ilustração: Graça Lima. Edições Paulinas e Canal Futura. Direção: André Glasner. Roteiro: Fabiana Egrejas. Produção: Limite Produções. 1 DVD (8 min), son., color; REIS DE CONTAS. Direção e Animação: Waltuir Alves. Produção: Franciele Diniz e Waltuir Alves. Cinegrafia: Raquel Tibery e Waltuir Alves. Desenhos: Hélio de Lima. Uberlândia, 2007. 1 DVD (2 min), son., color. In: BRASILEIRO, Jeremias. **Antologia Pessoal 1978 a 2008.** Poemas, Crônicas, Dramaturgia, Ensaios e Audiovisual, 2008. 1 CD-ROM.

Catupé. A partir disso, realizamos experimentações e produções plásticas por meio do desenho e da escultura, produzindo personagens tridimensionais com materiais de fácil aquisição e manuseio (jornais, papel crepom, sulfite A4, cordão, cola, tesoura e lápis de cor), explicitando os temas estudados através do fazer artístico.

Realizei ainda um trabalho interdisciplinar com a professora regente da sala[40] integrando os conteúdos de Artes com os de Geografia, História, Português e Literatura, na construção de saberes ligados à História e Cultura Africanas e Afro-brasileiras. Contamos com o apoio imprescindível de Jeremias Brasileiro (COAFRO)[41] que, além de disponibilizar vários materiais para enriquecer nossas aulas (CD ROM, DVD, fotos e textos), também ministrou uma palestra sobre o Congado[42] e as suas manifestações em nossa cidade. Assim professoras e alunos puderam conhecer um pouco mais sobre o assunto e tirar as dúvidas a ele relacionadas.

---

[40] A professora Kênia Divina Terra se juntou a mim no decorrer do projeto, formando uma parceria muito produtiva na construção do conhecimento proposto.

[41] COAFRO: Coordenadoria Afro-Racial, órgão ligado à Secretaria de Cultura da Prefeitura de Uberlândia.

[42] A palestra aconteceu dentro da sala de aula no dia 18 de setembro às 8h da manhã, no decorrer de uma aula com a professora regente e a professora de Artes simultaneamente.

Posteriormente, expomos os nossos estudos e a produção dele resultante em algumas Mostras dentro da escola, uma delas foi a Feira do Conhecimento (VI FECOEMPO/2008), o que possibilitou ao público visitante não apenas a conscientização do importante papel dos negros na História do Brasil, como também uma reflexão acerca de suas ricas influências na nossa cultura.

A realização desse Projeto veio atestar com êxito a possibilidade de se trabalhar dentro da escola os diversos aspectos da História e Cultura Africanas, que caracterizam a formação brasileira, principalmente quando existe um trabalho integrado entre as várias disciplinas do currículo escolar. Ao final do percurso, tanto para mim quanto para os alunos participantes, ficou o desejo de dar continuidade aos estudos realizados, visando ao aprofundamento dos temas e à possibilidade de abrir novos caminhos, onde a diversidade étnica seja respeitada para subsidiar a construção de relações mais justas e humanas.

Foto 16: Profa. Teresa Cristina (Teca) apresentando os bonecos do Congado, produzidos por seus alunos da 3ª série, na Feira do Conhecimento.

Foto 17: Profa. Teresa Cristina (Teca) e alguns alunos/autores dos bonecos do Congado, na Feira do Conhecimento.

Foto 18: Bonecos do Congado apresentados na Feira do Conhecimento.

Foto 19: Bonecos do Congado, produzidos com jornal, cordão e papel crepom.

Foto 20: Bonecos do Congado em diferentes "ternos", de acordo com as cores usadas.

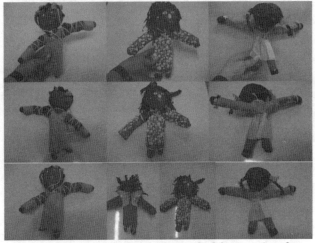

Foto 21: Bonecos do Congado, vistos de diferentes ângulos.

Foto 22: Conteúdos de Artes estudados: cor, forma, movimento e tridimensionalidade da figura humana.

REFERÊNCIAS
BIBLIOGRÁFICAS

ALCÂNTARA, Ana Paula (org.). **Congos, Moçambiques e Marinheiros**: Olhares Sobre o patrimônio Cultural Afro-Brasileiro de Uberlândia. Uberlândia: Gráfica Composer Editora Ltda.,2008.

ALCÂNTARA, Ana Paula de O. e SILVA, José Carlos G. **Patrimônio Material Afro-brasileiro**: um estudo sobre as suas representações simbólicas. Revista Horizonte Científica. Revista Eletrônica da PROPP (Pró-Reitoria de Pesquisa e Pós-Graduação da UFU) nº 6, v. 1, 2006.

ARROYO, Margarete. **Representações sociais sobre práticas de ensino e aprendizagem musical.**

Um estudo etnográfico entre congadeiros, professores e estudantes de música. UFRGS, 1999.

BARBOSA, Waldemar de Almeida. **Negros e Quilombos em Minas Gerais.** Belo Horizonte, 1972.

BONESSO, Márcio. **Os encontros de Reis**: uma diferente configuração de festas e associações no Triângulo Mineiro. *In*: História e Perspectivas. Uberlândia nº 34, pp.323-366, jan/jun., 2006.

BRASILEIRO, Jeremias. **Na Cidade de Romaria, Tem Congado e Tem Folia.** Uberlândia: Editora e Gráfica Aline/Fundo Estadual de Cultura de Minas Gerais/Prefeitura de Romaria & Secretaria de Educação, Cultura, Esportes, Lazer e Turismo, 2010.

BRASILEIRO, Jeremias. **Congado: um fluxo contínuo de revitalização cultural.** Uberlândia: Editora e Gráfica Aline, 2009.

_____. **Congado: roteiro de um ritual de fé.** Araguari – MG. Gráfica Sincopel, 2008. Realização: Irmandade de Nossa Senhora do Rosário e de São Benedito. Fundação Cultural Palmares, 2008.

_____. **Congado em Uberlândia: espaço de resistência e Identidade Cultural, 1996-2006.** Monografia. (Graduação em História) – Universidade Federal de Uberlândia, 2006.

_____, RAMOS, Eduardo. **Congadas, Retratos de Resistência e Fé.** Brasília, Universidade do Triângulo, 2005.

_____. **Congadas de Minas Gerais.** Fundação Cultural Palmares, Ministério da Cultura, 2001.

_____. **Congada de Fé.** Uberlândia, Gráfica Monteiro, 1998.

CAIXETA, Jeanne M. e SILVA, José Carlos G. **Patrimônio: imagem e memória de um território negro em Uberlândia.** Boletim do Lapes, 3 (1-37), 2004.

CALÁBRIA, Juliana e SILVA, José Carlos G. **Rede Social e Processo Ritual: a dupla face da Congada em Uberlândia-MG.** Revista Horizonte Científico. Revista Eletrônica da PROPP (Pró-Reitoria de Pesquisa e Pós-Graduação da UFU)n$^{\circ}$ 3 (1-37), 2004.

CARMO, Luis Carlos. **Função de Preto: Trabalho e Cultura de Trabalhadores Negros em Uberlândia/ MG 1945/1960.** Mestrado: Pontifícia Universidade Católica-PUC/São Paulo, 2000.

_____. **Representação da cultura negra nos jornais de Uberlândia: Congos e Moçambiques.** Boletim do CDHIS, n$^{\circ}$ 16, 2° semestre/1996.

COSTA, Patrícia Trindade Maranhão. **As Raízes da Congada: a renovação do presente pelos filhos do Rosário.** Tese (Doutorado em Antropologia Social), universidade Federal de Brasília, 2006.

DÂNGELO, Nilton. **Aquele Povo Feliz, Que Ainda Não Sonhava com a Invenção do Rádio**: cultura popular, lazeres e sociabilidade urbana. Uberlândia: Edufu, 2005:

FREYRE, Gilberto. **Casa Grande & Senzala**. 45ª ed., São Paulo: Record, 2001.

GABARRA, Larissa Oliveira. **A Dança da Tradição**: Congado em Uberlândia/MG (Século XX). Uberlândia. Universidade Federal de Uberlândia, Instituto de História, Tese de Mestrado, 2004.

GIFFONI, Maria Amália Corrêa. **Reinado do Rosário de Itapecerica**. São Paulo: Associação Palas Athenas do Brasil, 1989.

KATRIB, Cairo Mohamad I. **Nos limites do urbano: a reelaboração do cotidiano através da festa (em louvor a Nossa Senhora do rosário de Catalão-GO)** *In*: Cadernos de pesquisa do CDHIS – Número especial – Vol. 33, Ano 18, 2005, pp.155-163.

LINS, Jaceguay. **O Congo do Espírito Santo**. Vitória: Gráfica e Editora GSA, 2009.

LUCAS, Glaura. **Os Sons do Rosário**: o congado mineiro dos Arturos e Jatobá. Belo Horizonte: Ed. UFMG, 2002.

MARRA, Fabíola Benfica. **Álbum de Família**: Famílias Afro-descendentes no Século XX em Uberlândia-MG. Fundo Municipal de Cultura da Prefeitura de Uberlândia, Secretaria de Cultura, 2005.

MARTINS, Leda Maria. **Afrografias da Memória: O Reinado do Rosário no Jatobá**. São Paulo: Perspectiva; Belo Horizonte: Mazza Edições, 1997.

MARTINS, Saul. **Mês do Rosário, Congada e Reinado, o Candomblé e suas origens Culturais. Guarda** em louvor a Santos Pretos. **Lendas e Superstições.** *In*: folclore: teoria e método. Belo Horizonte: Imprensa Oficial, 1986.

MONTES, Lúcia Maria. **As Figuras do Sagrado: Entre o Público e o Privado.** *In*: **História da Vida Privada**, v. 4. NOVAIS, Fernando A; SCHWARCZ, Lilia Moritz. São Paulo: Companhia das Letras, 2002.

NASCIMENTO, Elisa Larkin. **Identidade e Dominação**. Identidade, raça e gênero no Brasil. *In*: O Sortilégio da Cor, São Paulo: Summus, 2003.

NEVES, Guilherme Santos. **Bandas de Congos**. Cadernos de Folclore, nº 30. Rio de Janeiro: Funarte, 1980.

PEREIRA, Edimilson de Almeida. **Flor do não esquecimento – cultura popular e processos de transformação**. Belo Horizonte: Autêntica, 2002.

PORTO, Liliana de Mendonça. **Reapropriação da Tradição. Um Estudo sobre a Festa de N. Sra. Do Rosário de Chapada do Norte/MG**. Dissertação de Mestrado. Universidade de Brasília, 1997.

PRUDENTE, Celso. **Mãos Negras: antropologia da arte negra**. São Paulo: Panorama do Saber, 2002.

RABAÇAL, Alfredo João. **As Congadas no Brasil**. São Paulo: Secretaria da Cultura, Ciência e Tecnologia. Conselho Estadual da Cultura, 1976.

RIBEIRO, Maria de Lourdes Borges. **Moçambique**. Cadernos de Folclore, nº 32. Rio de Janeiro: Funarte, 1981.

SCARANO, Julita. **Devoção e Escravidão: A Irmandade de Nossa Senhora do Rosário dos Pretos no Distrito de Diamantino no Século XVIII.** São Paulo: Brasiliana, 1978.

SILVA e SOUSA, Geovane. **Da Religião e organização do espaço em um centro de peregrinação: o caso de Romaria** (dissertação) Geografia UFU, 2002, pp.76-79.

SILVA, José Carlos Gomes da. **Música cerimonial e discurso escravo na congada.** História e Perspectiva, jan/jun/dez, (32/33),2005, pp.197-221.

SILVA, José Carlos Gomes da. **Negros em Uberlândia e a Construção da Congada. Um estudo sobre o ritual e segregação urbana.** (relatório FAPEMIG) – Uberlândia, 2000.

SILVA, Renata N. e SILVA, José Carlos G. **Moçambique de Belém: estudo da tradição oral e do fazer musical em um Terno de Moçambique em Uberlândia-MG.** Revista Horizonte Científico. Revista Eletrônica da PROPP (Pró-Reitoria de Pesquisa e Pós-Graduação da UFU)nº 3 (1-37), 2004.

REFERÊNCIAS VIDEOGRÁFICAS

1) ROSA ROSÁRIO AZUL
Direção: Alexandre Pereira França
Duração: 06 min.
Produção: Casa de Ideias, 1994.
Arquivo de Imagem e Som. Setor de Multi&Meios. Biblioteca da Universidade Federal de Uberlândia, 2006.

2) CONGADA – Moçambique do Oriente
Direção: Vitor Hugo de Oliveira
Duração: 10 min.
Fotografia: Laycer Tomaz, 1996.

Arquivo de Imagem e Som. Setor de Multi&Meios. Biblioteca da Universidade Federal de Uberlândia, 2006.

3) CONGADO – Documento
Produção: Fabíola Benfica Marra
Duração: 10 min.
Exibição: TV Universitária de Uberlândia, 2001
Arquivo de Imagem e Som. Setor de Multi&Meios. Biblioteca da Universidade Federal de Uberlândia, 2006.

4) TERRA DE MINAS: As Congadas na cidade de Uberlândia.
Produção: Rede Globo Minas/TV Integração de Uberlândia/ 2002
Duração: 10 min.
Arquivo de Imagem e Som. Setor de Multi&Meios. Biblioteca da Universidade Federal de Uberlândia, 2006.

5) REIS DE CONTAS: As Congadas no Triângulo Mineiro e Alto Paranaíba.
Direção: Waltuir Alves, 2003.
Apresentação: Jeremias Brasileiro.
Produção: Projeto Emcantar de Uberlândia
Duração: 58 min.

Arquivo de Imagem e Som. Setor de Multi&Meios. Biblioteca da Universidade Federal de Uberlândia, 2006.

6) MEMÓRIA DO CONGADO: Ternos de Congado de Uberlândia
Produção: Bloco Aché de Uberlândia
Roteiro e Texto: Jeremias Brasileiro
Duração: 10 min.
Arquivo de Imagem e Som. Setor de Multi&Meios. Biblioteca da Universidade Federal de Uberlândia, 2006.

7) CONGADAS EM RIO PARANAÍBA: Luta, resistência e preconceitos
Produção: TV Universitária de Uberlândia
Roteiro, Direção e Edição: Jeremias Brasileiro, 2004
Duração: 28 min.
Arquivo de Imagem e Som. Setor de Multi&Meios. Biblioteca da Universidade Federal de Uberlândia, 2006.

8) CHARQUEADA: Vida Salgada no Tempo
Direção: Waltuir Alves – 2004
Produção: Projeto Emcantar de Uberlândia
Duração: 15 min.

Arquivo de Imagem e Som. Setor de Multi&Meios. Biblioteca da Universidade Federal de Uberlândia, 2006.

9) UBERCONGALÂNDIA: Moçambiques da Cidade
Produção: Jeremias Brasileiro, 2005
Duração: 14 min.
Arquivo de Imagem e Som. Setor de Multi&Meios. Biblioteca da Universidade Federal de Uberlândia, 2006.

10) FESTA POPULAR – CONGADA 2003: o ano de mudança da data da festa
Produção: Espaço e Cultura/ Delfino Rodrigues, 2003
Participação: Jeremias Brasileiro
Duração: 20 min.
Exibição: TV Universitária de Uberlândia em novembro de 2003
Arquivo de Imagem e Som. Setor de Multi&Meios. Biblioteca da Universidade Federal de Uberlândia, 2006.

11) TODO O PATRIMÔNIO: Imagens de depoimentos dos moradores do Bairro Patrimônio, abordando aspectos da década de 1940 até o século XXI.
Produção: Luciano Martins de Faria/2006.
Duração: 20 min.

Arquivo de Imagem e Som. Setor de Multi&Meios. Biblioteca da Universidade Federal de Uberlândia, 2006.

12) J; b a BRASILEIRO – realizado de 2002 a 2006
Produção: Waltuir Alves/2007
Duração: 25m
Arquivo de Imagem e Som. Setor de Multi&Meios. Biblioteca da Universidade Federal de Uberlândia, 2006.

OUTROS TEXTOS DO AUTOR

Livros Publicados

1. **Na Cidade de Romaria, Tem Congado e Tem Folia.** Uberlândia: Editora e Gráfica Aline/Fundo Estadual de Cultura de Minas Gerais/Prefeitura de Romaria & Secretaria de Educação, Cultura, Esportes, Lazer e Turismo, 2010.

2. **Congado: um fluxo contínuo de revitalização cultural.** Uberlândia: Editora e Gráfica Aline, 2009.

3. **Congado: roteiro de um ritual de fé**. Araguari-MG. Gráfica Sincopel, 2008. Realização: Irmandade de Nossa Senhora do Rosário e de São Benedito. Apoio: Fundação Cultural Palmares. Jeremias Brasileiro – Coautor.

4. **Congadas, Retratos de Resistência e Fé**. Brasília: Unitri/Universo, 2005. Coautoria.

5. **Congadas de Minas Gerais**. Brasília: Fundação Cultural Palmares, Ministério da Cultura, 2001.

6. **Congada de Fé**. Uberlândia: Gráfica Monteiro, 1998.

7. **Névoa Amarela e os Orixás**. Araguari: Minas Editora, 1996.

8. **Negro Forro, Liberto Vigiado**. Gráfica e Editora Zardo, 1995.

9. **Pensando em Você**. Edição Independente. Uberlândia, 1994.

10. **Lágrimas de Verão**. São Paulo: Editora Scortecci, 1984.

11. **Direito de Sonhar**. Uberlândia: Gráfica da Universidade Federal de Uberlândia, 1982.

12. **Rio Paranaíba**. Uberlândia: Editora Gráfica Brasil, 1982.

13. **Rua de Pedra**. Uberlândia: Gráfica da Universidade Federal de Uberlândia, 1980.

Artigos em Jornais e Revistas

1. **Congado: Fluxo Contínuo de Revitalização Cultural**. *In*: Congadas Desenhantes. Fundo Municipal de Cultura de Uberlândia, Belo Horizonte, março/2009.

2. **A Importância do Carnaval na Cultura de Uberlândia**. Uberlândia: Revista Cult, Meio & Midia, fev/2009.

3. **A Pá do Preconceito**. Artigo sobre patrimônio cultural e preconceitos: Congado. 17/09/2008. Jornal Correio de Uberlândia.

4. **Olimpio Silva – Pai Nego.** Uberlândia: Revista Cult, Meio & Midia, fev/2008.

5. Geraldo Miguel, **O Charqueada.** Uberlândia: Revista Cult, Meio & Midia, julho/2007.

6. **A UFU e as Cotas para Negros** – Uberlândia: Jornal Correio, 13/06/2006

7. **Ações Afirmativas: Políticas de Inclusão** – Uberlândia: Revista Educadores em Ação. Prefeitura de Uberlândia/Secretaria de Educação, 2004.

8. **Congado, Igreja E Preconceito** – Uberlândia: Jornal Correio, 28/08/2004.

9. **Cotas por Medida Provisória**– Uberlândia: Jornal Correio, 17/04/2004.

10. **Ações Afirmativas: Políticas de Inclusão.** São Paulo: JORNAL U & C: Ciência e Cultura, 02/04/2003.

11. **Ações Afirmativas: políticas de inclusão**. Uberlândia: Revista de Educação Popular. http://www. proex. ufu. br/popular, vol. 1, 2003.